RÉPONSE

DE

M. J. MIRÈS

A

MM. BORDEAUX ET RICHARDIÈRE

LIQUIDATEURS JUDICIAIRES

Paris. — Imp. VALLÉE, 15, rue Breda.

CAISSE GÉNÉRALE DES CHEMINS DE FER

RÉPONSE

DE

M. J. MIRÈS

A

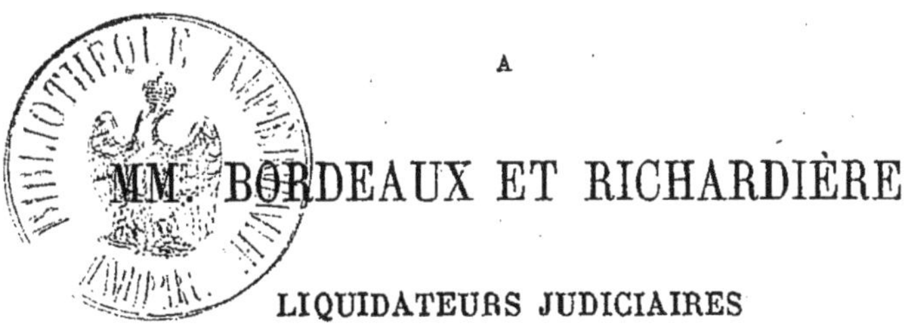

MM. BORDEAUX ET RICHARDIÈRE

LIQUIDATEURS JUDICIAIRES

PARIS

IMPRIMERIE VALLÉE, 15, RUE BREDA

1864

CAISSE GENERALE DES CHEMINS DE FER

(Extrait du Journal LE DROIT *du 10 septembre 1864)*

RÉPONSE

DE

J. MIRÈS

A

MM. BORDEAUX ET RICHARDIÈRE

LIQUIDATEURS JUDICIAIRES

Monsieur le Rédacteur en chef du journal LE DROIT,

MM. Bordeaux et Richardière vous ont adressé et vous avez publié une lettre qu'ils qualifient de réponse au compte rendu de l'assemblée générale des actionnaires de la Caisse des chemins de fer du 16 juillet dernier.

Ils me reprochent des injures, des menaces que je ne crois pas m'être permises et dont je n'ai certes aucun besoin. Je leur reproche à mon tour des inexactitudes persévérantes, dont leur cause ne peut se passer, et que je vais mettre au grand jour.

Leur lettre, si dangereuse pour les intérêts des actionnaires qu'ils devraient défendre, me fournit l'occasion de démontrer une fois de plus combien je me suis toujours tenu dans la stricte vérité. Je me borne à ce soin désormais facile.

§ I.

MM. Bordeaux et Richardière débutent par trouver tout simple que l'arrêt de la Cour de Douai qui m'a rendu l'honneur ne soit pas exécuté.

Je comprends leur point de vue. Ils sont en possession d'un capital considérable qu'ils administrent sans contrôle, mais non pas sans traitement; ils prétendent ne rendre aucun compte, ils se sentent soutenus dans cette prétention singulière; la situation est gracieuse et lucrative, ils veulent y rester.

Mais les actionnaires, dont les intérêts sont en souffrance, estiment que les arrêts d'une cour souveraine doivent être respectés, même des auxiliaires de la justice.

Les Liquidateurs allèguent qu'ayant été nommés par jugement du Tribunal de commerce du 4 avril 1861, confirmé par arrêt de la Cour du 1er mars 1862, l'arrêt de la Cour de Douai survenu le 21 avril *suivant*, qui ordonne la remise en mes mains de tous les papiers et registres saisis, est comme non avenu. La conséquence n'est pas nette.

Le jugement qu'invoquent les Liquidateurs porte :

« Qu'en présence des circonstances graves dans lesquelles » se trouve en ce moment placée la Société J. Mirès » et Cie, sa dissolution doit être immédiatement prononcée, » *dans l'intérêt des actionnaires et pour la sauve-garde de* » *leurs droits.*

» En ce qui touche la nomination d'un Liquidateur :

» Attendu que Halbronn étant démissionnaire et *Mirès* » *dans l'impossibilité d'exercer les fonctions de Liquidateur,* » il appartient au Tribunal de constituer la Liquidation. »

Ainsi MM. Bordeaux et Richardière n'ont été nommés

que parce que j'étais empêché et dans l'intérêt des actionnaires ; l'arrêt de la Cour de Douai, mettant un terme à cet empêchement et ordonnant la remise dans mes mains de tous les papiers saisis, la vraie conséquence devait être la retraite des Liquidateurs.

Cette conséquence, les intéressés, les actionnaires la réclament à l'unanimité.

Maintenant quelqu'un peut-il dire pourquoi l'arrêt de la Cour de Douai n'a pas été exécuté? pourquoi les Liquidateurs tiennent bon malgré le vœu unanime des actionnaires? pourquoi enfin les actionnaires sont forcés de subir des mandataires qu'ils répudient?

Les Liquidateurs ne peuvent même pas objecter l'intérêt des tiers, puisqu'il n'y a plus un seul créancier.

Encore une fois, je comprends très-bien que les Liquidateurs se plaisent dans un poste qui n'est pas sans profit. Ce que je ne comprends pas, ni les actionnaires non plus, ni l'opinion non plus, c'est qu'ils puissent le garder ; c'est que tous nos efforts pour obtenir un compte et connaître l'emploi de notre capital demeurent impuissants.

Et cette étrange situation que ni la loi, ni la raison n'expliquent, dont nul ne peut se rendre compte, les Liquidateurs eux-mêmes ne la comprennent pas, ainsi que vous allez voir par leurs explications.

§ II

J'ai dit dans mon rapport, que le capital social était intact lorsqu'en décembre 1860 les poursuites ont commencé. Les Liquidateurs contestent cette vérité.

Je les laisse parler.

« Les Liquidateurs, dit M. Mirès, ont reconnu que le bilan » de l'exercice 1860, présenté à l'Assemblée du 28 jan- » vier 1861, était exact; le capital était intact lorsque les » poursuites ont commencé. ***Jamais nous n'avons reconnu* » *un pareil fait.*** »

Quel *fait* les Liquidateurs n'ont-ils pas reconnu? l'exactitude du bilan ou l'existence du capital?

L'exactitude du bilan ne saurait être contestée : ce bilan a été approuvé par l'Assemblée générale des actionnaires; il a servi de base à la distribution d'un dividende, qui eût été frauduleux si le bilan eût été inexact.

Le démenti des Liquidateurs s'adresse donc à l'existence du capital.

Je ne veux aucun équivoque à cet égard, je serai plus net que les Liquidateurs.

§ III

MM. Bordeaux et Richardière allèguent que sur le bilan de 1860, ils ont fait, dès leur entrée en fonction, des déductions qui se sont élevées à 42,053,579 fr. et qu'ils qualifient de ***déficit !***

« Nos chiffres, disent les Liquidateurs, sont depuis long- » temps sous les yeux de M. Mirès et de tous les intéressés, » il ne pouvait y avoir de discussion que sur les articlesde » ce compte qui donnent la nature, l'explication et la justi- » fication du déficit de 42 millions; jamais cependant » M. Mirès n'a abordé cet examen. »

Il y a des affirmations qui renversent. Depuis trois ans je mets en relief, sous toutes les formes, les erreurs, les fautes que les Liquidateurs ont commises et qui, en effet, sont consignées dans ce compte montant à 42 millions, et ils disent que je n'ai JAMAIS abordé cet examen !...

Le résumé de leur compte et les explications qui vont suivre vous prouveront qu'il n'y a pas un point que je n'ai discuté et réfuté.

Ce compte, qui monte à 42 millions, se divise ainsi :

Perte sur les valeurs du portefeuille et les immeubles environ.	18,000,000
Perte sur l'Emprunt ottoman.	2,615,457
Perte sur les comptes courants. . . .	9,336,254
Résiliation du traité relatif aux Chemins de fer Romains.	8,500,000
Perte sur le mobilier et la clientèle. . .	889,000
Actions non placées.	2,928,000

Pour la perte de 18 millions, est-ce que, depuis trois ans, je ne reproche pas aux Liquidateurs d'avoir livré les valeurs du portefeuille, toutes si excellentes, aux prix avilis du 19 février, prix amenés par mon arrestation ?

Pour l'Emprunt ottoman, est-ce que je ne leur reproche pas, ainsi que les Commissaires, les erreurs qu'ils ont commises en réglant, sans mon concours, l'Emprunt ottoman, erreurs qui ont amené une perte de 2,545,000 francs ?

Pour les comptes courants, qu'ils évaluent à plus de 9 millions, je n'ai jamais pu en obtenir le détail. Je sais seulement que des avances avaient été faites à des clients, lesquels en garantie avaient remis des actions de la Caisse. Or, par suite de l'anéantissement du capital social, la garantie a disparu et la perte sur les comptes courants s'est augmentée d'autant; mais j'affirme que le chiffre de 9 millions n'est pas possible.

Lorsque les Liquidateurs rendront compte de leur gestion,

lorsqu'il me sera possible de lire dans mes livres, de vérifier les noms des débiteurs ; alors je discuterai les comptes courants; mais jusque-là, que puis-je faire? Et comment MM. Bordeaux et Richardière peuvent-ils présenter mon silence forcé à cet égard, comme un aveu?

Quant au surplus des pertes relatives soit à la résiliation des engagements avec les Chemins Romains, soit à la valeur de la clientèle et du mobilier de la Société, soit enfin aux actions non placées, pertes qui s'élèvent ensemble à plus de 12 millions, si l'on ne peut en effet les imputer aux Liquidateurs, elles remontent bien évidemment aux poursuites exercées contre moi, et fortifient mes déclarations que le capital social était intact lorsque les poursuites ont commencé.

§ IV

Vous me pardonnerez, M. le rédacteur en chef, d'insister sur cette question de l'intégralité du capital, car les droits des malheureux actionnaires reposent essentiellement là :

Le capital social était-il intact ou perdu quand la dénonciation Pontalba a été faite ?

Le capital était si exactement conservé, que le bilan dressé sous l'administration de M. de Germiny constatait un actif de 32,500,000 francs, *en évaluant les valeurs du portefeuille aux cours cotés du 19 février 1861*. — Or d'après les Liquidateurs eux-mêmes, la baisse survenue avait réduit les valeurs sociales de 18 millions.

Dans tous les pays de la terre, 32,500,000 francs d'actif et 18,000,000 de moins-value, forment 50 millions, c'est-à-dire le capital social.

MM. Bordeaux et Richardière, comprenant très-bien la puissance de cette démonstration, prétendent qu'il n'y a pas eu de bilan dressé sous l'administration de M. de Germiny. *C'est*, disent-ils, *une fable inventée par M. Mirès.*

Pour prouver qu'il n'a pas été dressé de bilan sous l'administration de M. de Germiny, ils invoquent un jugement du Tribunal de commerce, rendu sous la présidence de M. Denière.

Mais ce que les Liquidateurs ne disent pas, c'est que ce jugement n'a pas été redigé après enquête, et qu'il n'est qu'un écho fidèle de leurs propres déclarations.

Je renouvelle et je prouve mon affirmation :

Le bilan dressé par M. de Germiny se soldait par un excédant d'actif de 32,500,000 francs, et je le prouve, en reproduisant un extrait de la *Gazette des Tribunaux* du 3 mars 1863, qui n'a jamais soulevé aucune réclamation contre l'exactitude de ce fait écrasant pour mes adversaires.

« Pour fixer d'une façon précise ce point si important, je » déclare, sans crainte d'être démenti, que le 22 mars 1861, » le bilan dressé par M. Izoard, sous les ordres de M. de » Germiny, et se soldant par un excédant d'actif de » 32,500,000 francs, a été soumis à une réunion à laquelle » assistaient :

» M. de Germiny, gouverneur de la Banque de France;

» M. Izoard, inspecteur des finances, et expert nommé » par le juge d'instruction ;

» M. le comte Siméon, président du conseil de surveillance » de la Caisse des chemins de fer;

» M. le comte de Poret, membre du conseil de surveil- » lance;

» M. le comte de Chassepot, membre du conseil de sur- » veillance;

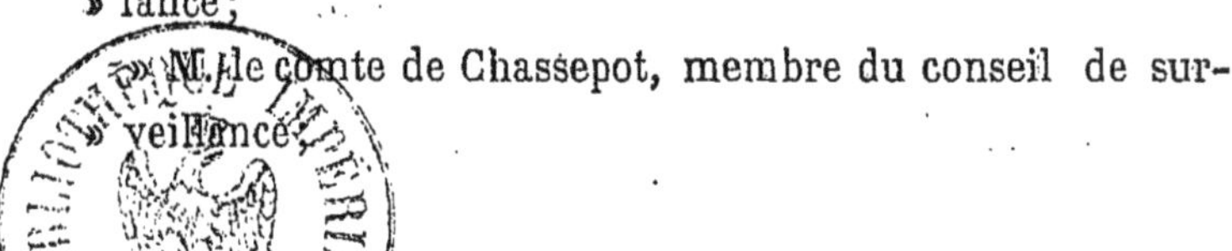

» M. Halbronn, cogérant;

» M. Van Hymbeck, expert;

» MM. Castaignet et Petit-Bergonz, avoués.

» Enfin, comme preuve de l'exactitude de mon récit, » j'ajouterai une circonstance qui met en relief le chiffre de » 32,500,000 francs comme formant l'excédant d'actif ac- » cusé dans le bilan soumis à cette réunion.

» M. de Germiny ayant dit que ce bilan présentait *un* » *déficit de* 17 *millions et demi*, M. le comte Siméon crut » que ce déficit s'appliquait aux créanciers de la Société, c'est- » à-dire, que la Caisse des chemins de fer devait aux Com- » pagnies et à ses clients plus qu'elle ne possédait, et que, » par conséquent, le capital des actionnaires était complé- » tement perdu; il fit alors une vive exclamation en expri- » mant son étonnement.

» Mais on lui fit observer que ce déficit de 17 millions et » demi ne frappait que le capital de 50 millions des action- » naires; que c'était ce capital qui était réduit à 32,500,000 » francs ou 325 par action; que, par conséquent, cet ex- » cédent de 32,500,000 francs était net de tout compte. »

MM. Bordeaux et Richardière, qui appellent ce récit *une fable*, n'oseront jamais en demander la vérification ?

Ils savent qu'ils seraient confondus.

§ V

L'évidence de l'existence du capital inquiète tellement et si justement les Liquidateurs, qu'ils sont conduits à commettre les plus étranges méprises pour trouver des erreurs dans ce bilan de 1860; ainsi ils citent l'extrait suivant de mon rapport :

« Le bilan au 31 décembre 1860 se soldait par un actif
» net de. . . . . 52,162,698 »
» A votre assemblée du 6 février, j'a-
» joutais à cet actif le montant de mon
» compte créditeur s'élevant à. . . . 6,939,348 »

Ensemble. . . 59,492,046 »

» Voilà l'actif dont nous avons à demander compte...»

Les Liquidateurs ajoutent :

« Si M. Mirès est créancier de 6,939,348 francs, comment » peut-il ajouter à l'actif de la Société une somme dont elle » serait débitrice ! »

C'est parceque la Société est débitrice envers moi, et parceque je fais abandon de mes droits, que le capital social est augmenté de mon compte créditeur.

Cela eût été facilement compréhensible si les Liquidateurs avaient fait connaître que l'actif, au bilan du 31 décembre 1860, s'élevait à 98,463,194 francs, et que le chiffre de 52,162,698 francs que j'ai signalé et qu'ils reproduisent, n'est que le solde net de ce bilan, déduction faite du passif montant à 46 millions.

Or, c'est dans ce passif de 46 millions que figure mon crédit.

Peut-on admettre que les Liquidateurs se sont trompés?

MM. Bordeaux et Richardière, comptables-experts choisis par la Justice, ne persuaderont à personne qu'ils ne connaissent pas les notions les plus élémentaires de la comptabilité. C'est donc par feinte qu'ils ignorent ou ne comprennent pas que si je n'avais pas été créancier de la Société, l'actif social se serait élevé d'autant, puisque le passif eût été moindre.

En un mot, n'est-ce pas sans y comprendre mon compte créditeur et les valeurs que je possédais, que le bilan se soldait par un actif net de 52,162,698 francs ?

Je défie mes adversaires de me contredire.

« Ce n'est pas tout, ajoutent les Liquidateurs, M. Mi-
» rès figurait parmi les débiteurs pour la somme de
» 6,814,522 francs. Si donc M. Mirès était créancier de
» 6,939,348 francs, l'actif est diminué et le passif augmenté
» d'autant, soit une différence, sur le bilan même de
» M. Mirès au 31 décembre 1860, de 13,753,870 francs. »

Je suis vraiment confondu en lisant et en reproduisant cette objection.

Il existait dans le bilan de 1860 des *comptes sociaux* qui portaient des mentions spéciales sous le nom de M. Mirès. Ainsi il y avait le *Compte en participation*, relatif à l'Emprunt ottoman ; il y avait d'autres comptes particuliers, dans lesquels étaient comprises mille actions du Dauphiné achetées pour M. X..., et les 14,533 actions de la Caisse, achetées en décembre 1860.

Voici en chiffres ronds le détail de ces comptes :

Compte en participation, emprunt Ottoman.	690,000
1,000 actions du Dauphiné.	600,000
14,533 actions de la Caisse.	5,510,000
Ensemble.	6,800,000

Le montant espèces de ces comptes figurait naturellement à l'actif social, mais il y avait comme contre partie les titres portés au crédit de ces comptes, sauf cependant pour l'Emprunt ottoman, dont l'opération était en cours d'éxécution.

Que les Liquidateurs le sachent bien, ils n'échapperont jamais à ce dilemme : Ou le bilan de 1860 était frauduleux, ou il était exact.

S'il avait été frauduleux, ce n'est pas par ses ménagements envers moi que s'est distinguée la poursuite, et je peux dire que je n'aurais pas échappé à une condamnation.

Si, comme les Liquidateurs l'ont reconnu, le bilan montant à 98 millions, est exact, le capital social et mon compte créditeur forment ensemble une somme de 59,492,046 fr. dont il faut rendre compte.

Cette nécessité de justifier leur gestion et de rendre des comptes, c'est là, je crois, le grand et irremédiable souci des Liquidateurs ; c'est là le grand obstacle qui les empêche de réunir les actionnaires pour leur soumettre les actes de leur gestion. Leur embarras est tel qu'ils ne veulent rendre leurs comptes qu'au Tribunal de commerce, espérant qu'un jugement les couvrira et préviendra l'investigation qu'ils redoutent. Mais ils n'éviteront jamais, qu'ils s'y résignent, la constatation que le capital social était intact, lorsque les poursuites ont commencé.

S'il y a un doute là-dessus, j'offre d'en soumettre la vérification à des arbitres que les Liquidateurs choisiront eux-mêmes, sous la seule condition de l'honorabilité et de la pleine indépendance que j'ai le droit et le devoir d'exiger.

§ VI

Les Liquidateurs, qui voient bien la responsabilité qui pèse sur eux pour la perte de 18 millions que je leur reproche depuis si longtemps, perte qu'ils ont infligée à la

Société par la précipitation avec laquelle ils ont sacrifié l'actif social prétendent, pour leur justification, qu'ils ne pouvaient agir différemment, puisqu'ils avaient à éteindre un passif de 111,762,500 fr.

Evidemment les Liquidateurs, en avançant cette énormité, avaient la pensée qu'ils ne seraient pas contredits.

J'affirme que lorsque M. de Germiny s'est retiré, le passif immédiatement exigible était pour ainsi dire nul.

Le passif général se divisait en deux catégories :

1° L'Emprunt ottoman et les Compagnies des Chemins de fer Romains et de Pampelune;

2° Les clients de la Société.

Pour l'Emprunt ottoman, grâce à M. de Germiny, tout était soldé. Si les Liquidateurs ont fait ensuite de nouveaux payements, c'est précisément leur tort, car il n'était rien dû.

Pour les Chemins Romains, les engagements s'élevaient, il est vrai, à un chiffre considérable, mais ils ont été annulés par M. de Germiny, moyennant une indemnité de 8,500,000 fr.

Quant au chemin de Pampelune, même avant mon arrestation, dans le mois de février, cette affaire avait été pour ainsi dire entièrement réglée par la remise d'un certain nombre d'actions de ce chemin, au cours de 400 fr. l'une.

La seconde catégorie de créanciers se composait des clients ayant des comptes courants.

Voici la situation de ces comptes :

Il était dû pour titres à racheter une somme de	9,413,327
La société avait avancé une somme de. .	7,915,089
Pour éteindre ces comptes courants, la Société n'avait donc à payer qu'une somme de	1,498,238

Ainsi, le passif qu'il fallait solder promptement s'élevait à peine à 1,500,000 fr. ! Voilà la seule somme exigible sans délai, et évidemment elle était trop faible pour justifier les Liquidateurs d'avoir fait éprouver à la Société une perte de 18 millions, par la précipitation qu'ils ont mise à livrer à vil prix toutes les valeurs sociales.

Que reste-t il, je le demande, de cette déclaration de MM. Bordeaux et Richardière : que je n'ai pas discuté leur compte de 42 millions de perte? Que reste-t-il de leur négation audacieuse relative au bilan de M. de Germiny ? Que reste-t-il de leur critique sur l'existence même du capital social lorsque les poursuites ont commencé ? Que reste-t-il enfin de ce fantastique passif de cent onze millions ? Rien, absolument rien.

§ VII

Voyons s'ils sont plus heureux lorsqu'ils essaient de se justifier des reproches faits, par les Commissaires comme par moi, à plusieurs actes de leur gestion :

J'impute aux Liquidateurs d'avoir occasionné une perte d'environ 8 millions : 1° en payant à des clients qui étaient sans droit une somme de 2,500,000 francs; 2° pour une erreur de 2,545,000 francs par eux commise en réglant l'Emprunt ottoman ; 3° enfin, par l'inconcevable et immorale transaction qu'ils ont faite en faveur de M. de Pontalba.

Dans leur rapport que vous avez publié, les Commissaires des actionnaires, après les investigations les plus approfondies, ont reconnu l'exactitude parfaite de mes imputations : ils ont constaté combien les intérêts des actionnaires avaient été méconnus par MM. Bordeaux et Richardière, précisément sur les trois points que j'avais signalés.

Voici, sur chacun de ces points, la justification que présentent les Liquidateurs :

§ VIII

« Nous ne disons qu'un mot des indemnités payées aux » exécutés. Nous n'avons fait, par nos transactions, que » prévenir des procès désastreux, après des décisions géminées rendues par la Cour impériale de Paris, le Tribunal » civil et le Tribunal de commerce. »

Les Liquidateurs oublient de mentionner que les arrêts et jugements qu'ils invoquent n'ont été obtenus que grâce à eux et par suite du langage qu'ils ont fait entendre.

Jugez vous-même, Monsieur le rédacteur.

Les clients de la Société qui réclamaient, s'étaient armés du rapport Monginot et du jugement correctionnel, pour soutenir qu'ils avaient fait avec la Société un *contrat de nantissement*, que *leurs titres avaient été vendus* et *qu'ils avaient produit tel ou tel bénéfice.*

Je soutenais, *en droit*, avec la Cour de Douai, que les titres avaient été remis en *comptes courants*. En fait, je niais les prétendues ventes, comme les bénéfices inventés par l'expert Monginot, et je demandais qu'une expertise fût ordonnée pour constater la vérité de mes allégations.

Malheureusement pour les actionnaires, MM. Bordeaux et Richardière tenaient le même langage que les clients.

« Les titres, disaient-ils dans leur note présentée à la » Cour, ont été vendus, le produit de ces ventes est » entré dans le mouvement des affaires de la maison, et

» par suite a contribué à composer les bénéfices distri-
» bués.

» M. Mirès a lui-même retiré une part de ces bénéfices » *mal assurés*, à raison de 20 pour 100 qui profitaient à la » gérance. »

Or, ces allégations, sans exception, sont dénuées de tou fondement. Il n'y a eu ni vente, ni bénéfice. Mais l'autorité des Liquidateurs judiciaires auprès des Tribunaux est telle, que, par leurs déclarations, ils ont fait obstacle à l'expertise que je demandais et rendu stériles mes protestations contre les faits articulés. Et les juges trompés par le langage qu'ils entendaient et par les notes qui leur étaient remises, ont donné raison aux clients qui étaient sans droit et condamné la Société !....

Telles sont les décisions que les Liquidateurs invoquent, pour justifier les transactions qu'ils ont faites par l'intermédiaire d'agents d'affaires très-connus, et sur lesquels j'ai dit publiquement à peu près tout ce que l'on en peut dire.

Mais sans s'arrêter à la manière dont les décisions judiciaires qu'ils invoquent ont été préparées, est-ce que, même en présence de ces jugements et arrêts, les Liquidateurs avaient le droit de négliger ou de méconnaître l'arrêt de la Cour de Douai, qui protégeait les intérêts des actionnaires ?

Est-ce que les Liquidateurs, avant d'effectuer aucun payement, ne devaient pas épuiser tous les degrés de juridiction afin de faire triompher le principe, l'autorité de la chose jugée par la cour de Douai ? principe admis récemment par la Cour de Cassation, hélas ! désormais sans aucun profit pour les actionnaires, puisque les 2,500,000 fr. payés abusivement par les Liquidateurs sont définitivement perdus.

Ce qu'il faut que tout le monde sache, c'est que les Liquidateurs avaient fait la plupart des transactions avant que la Cour impériale de Paris eût statué, de sorte que leur langage et leurs notes s'inspiraient, non pas de l'intérêt confié à leur prudence, mais de la nécessité d'obtenir ces arrêts indispensables, pour couvrir la grave responsabilité qu'ils avaient encourue !...

§ IX

Touchant la créance sur M. de Pontalba, les Liquidateurs s'expriment ainsi :

« Nous ne parlerons pas de la transaction conclue par » nous avec M. de Pontalba ; M. Mirès paraît oublier qu'il » avait fait lui-même remise entière et au-delà de la dette » de M. de Pontalba. L'événement prouvera que nous n'a» vons agi que dans l'intérêt des actionnaires et pour sau» ver une créance compromise par M. Mirès La justice est » saisie; elle prononcera. »

Vous allez juger combien est fondée l'accusation formulée contre moi par les Liquidateurs, et apprécier le degré de confiance que méritent leurs affirmations, quand ils prétendent avoir agi dans l'intérêt des actionnaires.

En 1861 et 1862, lorsque nous poursuivions en commun la nullité de la transaction qui me fut imposée, les Liquidateurs se souvenaient alors de ma longue résistance pour constater la violence dont j'avais été l'objet. Ma résistance de six mois, de juillet à décembre 1860, était le principal argument opposé à M. de Pontalba.

Les Liquidateurs savent aussi qu'en décembre 1860, même après la descente judiciaire, je résistais encore, et que je n'ai cédé qu'aux instances d'un magistrat haut placé, qui déclarait que le désintéressement de M. de Pontalba était nécessaire pour mettre fin à la poursuite qu'il avait provoquée.

Les Liquidateurs savent enfin que ma résistance était si absolue, que je préférais suspendre mes payements que de transiger. Ils n'ignorent pas que cette résolution a été combattue par les représentants des actionnaires (le Conseil de surveillance), qui espéraient que le succès de l'Emprunt ottoman compenserait la brèche que M. de Pontalba voulait faire au capital social.

Les Liquidateurs savent tout cela.

Il est donc inconcevable qu'ayant compromis notre créance par la transaction inexcusable qu'ils ont faite, ils osent rejeter sur moi la responsabilité de cet acte de leur gestion, de cette transaction dont je demande, d'accord avec les actionnaires, la nullité.

Du reste, chacun aurait pu apprécier la vérité sur cette affaire, si les Liquidateurs eussent fait connaître que, par jugement du mois d'août 1862, *la transaction que j'avais subie en décembre 1860 a été annulée sur les observations que j'ai présentées personnellement à la barre du Tribunal.*

Pourquoi les Liquidateurs ne disent-ils pas que ce jugement ayant été obtenu en commun, c'est-à-dire par moi comme par eux, ils ne pouvaient transiger sans mon concours, ainsi que l'a déclaré la Cour impériale ?

Pourquoi les Liquidateurs ne disent-ils pas que les actionnaires étaient convoqués pour *le 6 février*, et qu'ils ont fait précipitamment cette inqualifiable transaction la veille de cette assemblée, *le 5 février?*

Comment les Liquidateurs expliquent-ils que, dans l'acte authentique passé avec la famille Pontalba, ils aient inséré que le Tribunal, qui a condamné M. de Pontalba à payer le montant de sa dette, en capital et intérêts, *a néanmoins reconnu que les réclamations de M. de Pontalba étaient fondées*, ce qui est radicalement faux ?

Pourquoi semblent-ils ignorer que Mme de Pontalba, qui s'est emparée de la terre de Montlévêque, c'est-à-dire du gage sur lequel repose notre créance, possède, en dehors de ce domaine, une fortune de plus de douze millions, qu'elle n'a que trois enfants, et que la rentrée de notre créance, qui ne s'élève qu'à 2,200,000 francs, est parfaitement assurée?

Ajouterai-je ce qui s'est passé en plein Tribunal et ce qu'a dit Me Hébert, au nom des Liquidateurs, pour justifier cette audacieuse transaction? Si je le faisais, vous ne consentiriez pas à l'insérer!...

Ah ! si cette transaction pouvait être justifiée, les Liquidateurs auraient été plus explicites dans leurs explications, ils ne se seraient pas bornés a en appeler aux décisions futures de la Justice !....

§ X

Pour l'Emprunt ottoman, les Liquidateurs s'expriment en ces termes :

« M. Mirès signale une erreur de 2,543,000 fr., qui aurait » été commise dans le règlement de cet Emprunt. *Il sait » bien qu'il n'en est rien.*

» Les Liquidateurs se sont trouvés en présence d'un » traité de résiliation auquel M. Mirès avait concouru. Ils » n'ont fait que l'exécuter. »

MM. Bordeaux et Richardière se trompent bien hardiment !

Par l'article 3 du contrat relatif à l'Emprunt, il est dit :

« Que quoique les payements fussent échelonnés sur dix-
» huit mois et par sommes égales, l'intérêt dû par le Gou-
» vernement ottoman serait payé sur l'intégralité de l'Em-
» prunt, comme si tous les payements étaient faits. »

M. de Germiny, en résiliant le traité, avait formellement stipulé : « que les avantages résultant du contrat seraient » acquis aux 101,800 obligations souscrites par le public. »

Les Liquidateurs reconnaissent implicitement l'erreur qu'ils ont commise, puisqu'ils avouent qu'en réglant ils ont payé à la Porte la somme de 27 millions. Or les 101,800 obligations ne coutaient à la Société que 24,432,000 francs. La différence de 2,568,000 francs, forme précisément l'erreur qu'ils ont commise, puisque l'avantage résultant des stipulations contenues dans l'article 5 du contrat, équivaut à 25 fr. par obligation ; soit, sur 101,800 titres, une somme de 2,545,000 fr.

Les Liquidateurs, en n'exécutant pas l'article 5, dont ils n'avaient pas apprécié la portée, ont occasionné, bien évidemment, la perte que je leur reproche. Cependant cette perte eut été facilement évitée, s'ils n'avaient pas refusé le concours que je leur ai offert, s'ils n'avaient pas méconnu mes droits, que M. de Germiny avait respectés ; enfin, s'ils s'étaient conformés au traité de résiliation fait par M. de Germiny, traité que cependant ils soutiennent avoir exécuté.

En présence de faits semblables, en présence d'une erreur plus évidente que le jour, comprend-on qu'ils osent dire : « M. Mirès sait très-bien que cette erreur n'existe pas. »

Comment ! depuis trois ans je signale cette erreur, et ils prétendent que je n'y crois pas ! Les Commissaires vérifient et la constatent... Je n'y crois pas !...

On ne sait ce qui étonne le plus dans la conduite des Liquidateurs, de leurs affirmations sans vérité ou du mépris qu'ils affectent pour les intérêts des actionnaires ?

Ainsi, voilà une somme de 2,545,000 francs, avec les intérêts, environ trois millions, qui pourrait rentrer, et les Liquidateurs, toujours pleins du même mépris pour les intérêts qui leur sont confiés, nient les droits des actionnaires, empêchent les reclamations que les Commissaires se proposaient d'adresser au Gouvernement ottoman, osent même refuser les pouvoirs nécessaires pour obtenir le redressement de cette erreur !

MM. les Liquidateurs sont devenus chevaliers d'un ordre turc par suite de la façon large avec laquelle ils ont réglé avec la Porte ; mais cet honneur ne répond pas à tout.

§ XI

Après avoir essayé de repousser les reproches adressés à leur gestion, il n'était pas possible que les Liquidateurs ne s'occupassent pas de la ***condamnation par défaut*** qu'ils ont obtenue contre moi ***devant le Tribunal de commerce présidé par M. Denière***; aussi s'étendent-ils longuement sur mon ***compte personnel.*** Ils espèrent surprendre l'opinion publique en rappelant la plaidoirie que Me Plocque a prononcée en 1861 devant le Tribunal correctionnel.

Vous vous rappelez quelles étaient alors les impressions générales. J'avais fait, disait-on, une fortune considérable, scandaleuse ! Les suppositions les plus injurieuses circulaient sur mon compte. Mon avocat, Me Plocque, en combattant ces erreurs de l'opinion, disait que les poursuites exercées m'avaient ruiné; et il disait la vérité...

Les Liquidateurs qui, mieux que personne, connaissent ma détresse, s'arment méchamment de cette plaidoirie. En présence du langage de Me Plocque, attestant ma ruine, ils demandent comment il est possible que je sois créancier de la Société!

Voilà, Monsieur, par quelles preuves les Liquidateurs répondent à l'exposé si sincère que j'ai fait à mes actionnaires touchant ma fortune.

Nul n'ignore désormais que l'insistance que je mets à prouver que je suis créancier de la Société, n'a pas pour effet de priver mes actionnaires des débris échappés au naufrage, puisque, d'avance, j'ai fait l'abandon de mes droits; je n'insiste que pour constater la vérité de la situation et prouver que la ruine qui a atteint mes actionnaires m'a également frappé.

Je laisserai donc aux Liquidateurs la liberté de m'outrager : je me bornerai à rappeler que le Tribunal arbitral, auquel est confié l'examen de mon compte personnel, a été constitué avec le concours des actionnaires, et qu'il est composé de :

MM. Berryer, Marie, anciens bâtonniers des avocats.

Carré, conseiller honoraire à la Cour impériale de Paris.

Ces hommes éminents, après avoir examiné les dires des Liquidateurs et le rapport *par défaut* de M. Riollet, arbitre des Liquidateurs, ont rendu un jugement arbitral d'après lequel il est prouvé et constaté que je suis créancier de la Société d'une somme de 3,983,000 francs, sans compter les autres réclamations qui ne sont pas encore jugées, et sur lesquelles le Tribunal arbitral ne statuera qu'après l'expertise ordonnée, expertise confiée à trois comptables.

A cette décision contradictoire qui émane d'hommes si honorables et si éclairés, à cette décision à laquelle les Liquidateurs ont été sommés de concourir, qu'opposent-ils?

1° Un rapport *par défaut* de leur arbitre, M. Riollet!

2° Le jugement, également *par défaut*, rendu le 30 mai 1864, par le Tribunal de commerce, sous la présidence de M. Denière!...

Si les Liquidateurs avaient l'amour de la vérité, ils auraient dit ce qui s'est passé à la barre du Tribunal le 30 mai 1864, le jour où je fus condamné *par défaut* à payer 3,537,712...

Ce récit serait grave. Je me bornerai à faire connaître que Me Andral, pour les actionnaires, demandait une remise, afin d'avoir le temps d'étudier le dossier; de son côté, mon avocat, Me Nouguier, faisait la même prière par une lettre adressée à M. Denière et dont j'extrais les passages suivants :

A M. Denière, président du Tribunal de commerce.

« Monsieur le président,

» M. Mirès m'a prié, et j'ai accepté de plaider devant » vous la question du règlement de ses comptes avec son » ancienne Société. — Cette question est soumise à des » juridictions qui procèdent parallèlement à son examen : » au Tribunal de commerce qui a rendu un jugement par

» défaut, et à un tribunal arbitral composé de MM. Berryer, » Marie, et Carré, ancien conseiller à la Cour. Ce tribunal » arbitral vient de rendre une sentence qui prononce sur » les trois questions les plus importantes, et cette décision, » si grave par le caractère de ceux qui l'ont rendue, sera » nécessairement un des éléments essentiels de la discussion » qui devra s'agiter devant vous. — Or cette sentence, je » ne l'ai pas encore, elle est sous presse, et je n'ai pu la » méditer.

. . . .

. . . .

» Dans cette situation, une remise est absolument indis- » pensable, et comme le Tribunal ne recherche que la vé- » rité, je ne puis croire que votre justice me la refuse... »

Daignez agréer etc.

LOUIS NOUGUIER.

Lundi 30 mai 1864.

Cette remise que les notions les plus élémentaires de la justice et des convenances faisaient un devoir d'accorder, les Liquidateurs s'y sont ardemment opposés, le Tribunal l'a refusée, et, faisant droit aux réquisitions de MM. Bordeaux et Richardière, il m'a condamné une seconde fois, *par défaut*, à payer 3,537,712 fr.

Vous conviendrez, Monsieur, qu'il est au moins regrettable que les Liquidateurs aient infligé aux actionnaires une perte de 50,000 fr. pour les frais d'enregistrement de ce jugement, qui ne peut avoir aucun effet.

Telle est la décision qu'on oppose au jugement arbitral rendu par MM. Berryer, Marie et Carré.

§ XII

Du reste, et pour vous permettre d'apprécier l'estime des Liquidateurs eux-mêmes pour cette condamnation *par défaut* de 3,537,712 fr., je signalerai un passage de leur lettre, que je ferai suivre d'une citation recueillie de leur bouche :

« Pour le compte personnel de M. Mirès, disent les Li- » quidateurs, nous devons être réservés : la justice est sai- » sie. Par jugement du 30 mai 1864, M. Mirès a été » condamné à payer aux actionnaires une somme de » 3,537,712 fr. »

Or dans un rapport fait au nom du Procureur-Généra par M. Oscar de Vallée, se trouvent ces mots : « Que » MM. Bordeaux et Richardière ne comptent guère recevoir » de M. Mirès que 800,000 fr. ! »

Quel est le chiffre véritable dont je suis débiteur d'après les Liquidateurs ?

Est-ce le montant de la condamnation *par défaut*, soit 3,537,712 fr., ou le chiffre de 800,000 fr. qu'ils ont signalé au Procureur-général ?

N'est-il pas bien extraordinaire que chaque épisode de mon affaire donne naissance à des choses si incompréhensibles ?

§ XIII

J'en aurais fini à l'égard de mon compte, si je ne rencontraîs pas dans la lettre de MM. Bordeaux et Richardière deux phrases que je ne puis laisser sans réponse :

Voici la première :

« Les Liquidateurs ont consenti à ce que, pour faire face » aux frais de sa défense, et ne pas lui laisser de prétexte » sur ce point, M. Mirès conservât la jouissance libre des re» venus de l'immeuble qu'il habite avec sa famille. »

Ce n'est pas par la générosité des Liquidateurs, c'est par la volonté de la Cour que je touche mes loyers. Les Liquidateurs y avaient mis opposition, et après qu'ils eurent pris à la barre l'engagement de donner main-levée, j'ai encore été obligé de les actionner en interprétation d'arrêt pour les forcer à remplir la promesse qu'ils avaient faite à la Cour.

Comment les Liquidateurs osent-ils dire qu'ils ont consenti à me laisser la jouissance de mes loyers pour me permettre de me défendre, lorsque depuis si longtemps, avec un acharnement sans exemple, ils poursuivent à la fois mon déshonneur et mon anéantissement !

§ XIV

Voici la seconde phrase qui n'est compréhensible que pour eux, pour M. Denière et pour moi. Comme je veux que tout soit parfaitement éclairci, je dirai ce que signifie cette phrase :

Je la cite d'abord :

« Lorsqu'il parle de sacrifices, il *eût été peut-être convenable* » à M. Mirès de ne pas parler des ressources si considé» bles qu'il dit lui-même avoir trouvées dans différentes af» faires. »

Ces ressources, que j'ai employées à la défense de mon

honneur et au profit des actionnaires, je les ai trouvées dans la vente des actions et de la gérance du *Constitutionnel.*

Or, pour quel motif aurais-je dû taire cette origine ?

C'est évidemment parce que le Tribunal de commerce, sous la présidence de M. Denière, a prononcé, en août 1863, un jugement contre moi, précisément à l'occasion du *Constitutionnel !* Affaire plus triste pour d'autres que pour moi !...

Si les Liquidateurs avaient su ce qui s'est passé dans le cabinet de M. Denière, le 17 juillet 1863, s'ils avaient connu le langage que M. Denière a tenu aux représentants du *Constitutionnel,* ils n'auraient pas fait allusion à cette affaire !...

Les Liquidateurs savent que sur le terrain où ils voudraient m'entraîner, je ne puis tout dire. — En relevant leur langage, j'ai voulu seulement démontrer à tous qu'il n'y a, ni dans ma vie, ni dans ma carrière, ni dans mes débats, un seul fait que je ne puisse étaler au grand jour.

§ XV

Les Commissaires des actionnaires ayant accusé d'inexactitude grave MM. Bordeaux et Richardière, ceux-ci ont essayé de repousser ce reproche ; je vais prouver qu'il est parfaitement fondé.

Parmi les réclamations faites contre moi par les Liquidateurs, il en est une, la plus considérable, qu'ils affectionnent. Il s'agit d'une somme d'environ 6,000,000 francs qu'ils mettent à ma charge pour 14,533 actions de la Caisse, achetées en décembre 1860, pendant la souscription de l'Emprunt ottoman, pour en faciliter le succès et combattre en même temps l'influence fâcheuse, pour le crédit social, de la dénonciation Pontalba.

Les Commissaires, dans leur rapport, ont dit que MM. Bordeaux et Richardière leur *ont déclaré que ces 14,533 actions ont été achetées pour remplacer les actions des clients qui avaient été vendues.*

Or, il est résulté des vérifications faites par les Commissaires et des pièces livrées par les Liquidateurs eux-mêmes, que les actions dues aux clients s'élevaient à 9,000, et qu'il y avait en caisse 10,000 actions!

Les Liquidateurs reconnaissent bien qu'il y avait 10,000 actions dans le portefeuille; mais ils prétendent aujourd'hui qu'il en était dû aux clients environ 11,000, et ils ajoutent qu'il résulte des Livres que j'étais débiteur de la différence entre 10,000 et 11,000.

Pour confondre les Liquidateurs il n'est pas nécessaire de vérifier leurs chiffres; il suffit de constater qu'en supposant que je fusse débiteur de quelques actions, il n'est pas admissible que ce soit pour les remplacer qu'il en a été acheté 14,533!

Par conséquent la déclaration faite par MM. Bordeaux et Richardière aux Commissaires, que les 14,533 actions achetées en décembre 1860 étaient destinées à remplacer les actions *dues aux clients*, cette déclaration est, en fait, d'une inexactitude radicale; au point de vue moral, l'inexactitude est bien plus grave!

Le tort des Liquidateurs s'accroit encore de ceci: que les dates où ces achats ont eu lieu, les Livres, comme la sentence rendue par MM. Berryer, Marie et Carré, attestent que ces 14,533 actions ont été achetées dans l'intérêt social, pour défendre son crédit menacé et faciliter le succès de l'Emprunt ottoman.

Quant aux 5,856 actions appartenant à la Société, le compte spécial ouvert sur les Livres le 31 décembre 1859 avec l'autorisation du Conseil de surveillance, en indiquait l'emploi ; il n'était donc pas nécessaire de les acheter.

§ XVI

Passant à un autre ordre d'idées, les Liquidateurs soutiennent que je veux compliquer leur situation de l'examen anticipé de leurs comptes. Et ils disent : « *Que la Cour a* » *répondu que la Liquidation est en cours, et qu'avant qu'on* » *pût demander des comptes aux Liquidateurs, ceux-ci avaient* » *pour devoir de faire apurer les comptes de l'ancien gérant.* »

Il n'est pas vrai que cet arrêt ait subordonné les comptes à rendre par la Liquidation à l'apurement des miens.

Cet arrêt déclare, au contraire, que les Liquidateurs judiciaires, comme tous autres administrateurs, sont tenus de rendre compte de leur gestion. « *Que les Liquidateurs ne* » *dénient pas cette obligation*, dit l'arrêt, *mais qu'ils opposent* » *l'inutilité d'un compte provisoire d'une administration qui* » *touche à sa fin et qui pourra bientôt être réglée définiti-* » *vement.* »

La Cour ajoute : « Qu'il n'y a pour les parties aucun » avantage à débattre aujourd'hui un compte qui ne peut » avoir rien de définitif ; que ce débat n'aurait d'autre » conséquence que d'entraîner des frais inutiles sans pro- » fiter à la situation des actionnaires, ni modifier *la respon-* » *sabilité des Administrateurs.* »

Ainsi, c'est sur la déclaration faite par MM. Bordeaux et Richardière que la Liquidation allait finir, qu'ils ont été dispensés de rendre un compte provisoire, et nul ne supposera que la Cour ait eu la pensée de subordonner les comptes à rendre aux actionnaires à la solution d'un débat avec moi, débat qui, avec le système suivi par les Liquidateurs, peut durer des années.

La Cour, je le répète, n'a fait que sanctionner le langage des Liquidateurs, lui donnant à croire que la Liquidation touchait à sa fin. Certainement l'arrêt aurait été autre, si la Cour avait connu la pensée secrète des Liquidateurs d'éterniser leur mission.

De cet absolu défaut d'analogie entre cet arrêt et l'interprétation que les Liquidateurs en ont donnée, je conclus que MM. Bordeaux et Richardière, sachant mon absence de Paris, ne prévoyaient pas, quand ils préparaient leur lettre, que je reviendrais pour leur répondre.

§ XVII

Après cette étrange interprétation donnée à un arrêt de la Cour, pour se dispenser de rendre des comptes, les Liquidateurs ajoutent : « M. Mirès ne peut vouloir paralyser » notre action en nous plaçant dans cette situation immorale » de faire, de l'approbation de nos comptes personnels, la » condition de l'apurement du sien propre. Notre conscience » se soulève devant une pareille alternative. »

La conscience de MM. Bordeaux et Richardière se soulève contre un pur fantôme ; que n'est-elle aussi prompte devant la vérité !

Ni les actionnaires, ni moi ne faisons aux Liquidateurs la condition qui les indigne. Ce que nous demandons tous, ce que nous voulons les uns et les autres, c'est qu'ils nous rendent compte du capital qui leur a été confié; c'est qu'ils justifient la disparition de ce capital. Ce que nous voulons à l'unanimité, c'est leur retraite.

Voilà ce que d'un commun accord nous poursuivons;

voilà le seul débat qui s'agite entre la Société et les Liquidateurs judiciaires.

MM. Bordeaux et Richardière ne peuvent même objecter l'ignorance où seraient les actionnaires de la véritable situation des choses, car ils sont en possession des pièces suivantes :

1° Des comptes rendus des Liquidateurs pour les années 1861 et 1862 ;

2° Du jugement *par défaut* du Tribunal de commerce qui me condamne à payer 3,537,000 fr., jugement que les Liquidateurs ont adressé aux actionnaires ;

3° De la sentence arbitrale rendue par MM. Berryer, Marie et Carré, qui me reconnaît créancier de 3,983,000 fr.

Par conséquent nulle erreur n'est possible de la part des actionnaires. C'est donc en pleine connaissance de cause qu'ils repoussent le concours de MM. Bordeaux et Richardière, et le bénéfice du jugement *par défaut* rendu par le Tribunal de commerce ; c'est en pleine connaissance de cause qu'ils demandent qu'on respecte l'arrêt de la Cour de Douai qui aurait dû mettre fin à la mission des Liquidateurs.

§ XVIII

Les Liquidateurs terminent en protestant qu'ils n'ont aucun sentiment d'hostilité contre moi.

La situation qu'ils ont acceptée les oblige à ces protestations, mais les faits sont plus puissants que leurs phrases. Je laisse cela, qui ne trompe plus personne. Je relèverai seulement ce qui suit :

« Si M. Mirès doit être libéré de sa dette envers ses actionnaires, ce ne peut être que par la *justice ordinaire et régulière du pays, qui est celle de tout le monde.* »

Cette phrase ne signifie que ceci : « C'est vainement que M. Mirès produira une sentence arbitrale rendue par des hommes éminents comme Mes Berryer, Marie et Carré; c'est vainement que M. Mirès produira une expertise faite par des comptables honorables; nous n'admettrons rien que l'expertise Monginot et le rapport Riollet, les succès que ces documents nous promettent contre lui devant les Tribunaux sont tels que nous n'y renoncerons à aucun prix, et jamais nous ne consentirons à ce qu'ils soient contrôlés. »

Je comprends très-bien que les Liquidateurs, pour se défendre, préfèrent soumettre aux Tribunaux les débats relatifs à leurs comptes, parce que dans ces sortes d'affaires les décisions ont forcément pour bases les rapports des comptables assermentés comme MM. Monginot et Riollet; mais les Liquidateurs devraient trouver également naturel que je cherche, de mon côté, d'autres moyens de faire la lumière.

Je suis convaincu que la Cour impériale de Paris ne sera pas mécontente de pouvoir juger avec d'autres éléments que ceux qui lui sont fournis par l'expertise Monginot ou le rapport Riollet, et qu'elle sera satisfaite d'avoir à sa disposition la sentence arbitrale rendue par MM. Berryer, Marie et Carré, ainsi que l'expertise qu'ils ont confiée à trois comptables des plus honorables.

Les magistrats ne verront pas dans mes efforts pour éclairer leur conscience, la pensée que me prêtent les Liquidateurs, *de repousser la justice ordinaire et régulière du pays.*

§ XIX

En définitive, le débat que les Liquidateurs éternisent avec moi a les conséquences les plus désolantes pour les malheureux actionnaires : non seulement ils sont ruinés, mais par suite de l'obstination des Liquidateurs à conserver la gestion de leurs intérêts, les actionnaires perdent l'espérance de recouvrer environ huit millions qui leur sont dus par le Gouvernement ottoman, M. de Pontalba et diverses compagnies !...

Voici en résumé la situation réelle des actionnaires :

Les Liquidateurs déclarent qu'ils ne possèdent et n'espèrent distribuer aux actionnaires que 3,500,000 fr., soit 40 fr. par action.

Si les Liquidateurs cessent de gérer et que les actionnaires rentrent dans leurs droits, voici les recouvrements qui seront faits :

1º Du Gouvernement ottoman. . . .	3,000,000 fr.
2º De la famille Pontalba.	2,200,000
3º Des Compagnies des Chemins Romains, de Pampelune et du Gaz à Marseille.	3 000,000
Ensemble.	8,200,000
En ajoutant la somme disponible. . .	3,500,000
Il y a encore un actif de.	11,700,000

soit 130 fr. par action.

§ XX

Je voudrais abréger ; mais je ne puis me dispenser de répondre à ces mots : « Nous croirions manquer à notre de-
» voir, disent les Liquidateurs, si nous permettions encore
» de tromper les actionnaires et le public par des allégations controuvées. »

Dans une autre partie de leur lettre, je trouve cette phrase : « Qu'ils auraient fait une seconde répartition aux action-

» naires si M. Mirès n'avait pas mis obstacle au règlement
» de la créance Pontalba. »

C'est le 22 *août* que les Liquidateurs m'accusent de faire obstacle à la répartition qu'ils se proposaient de faire, et huit jours après, le 30 *août*, sans qu'aucun incident soit survenu, ils publient un avis qui annonce cette seconde répartition !

Ne fournissent-ils pas eux-mêmes la preuve qu'ils avaient essayé de tromper les actionnaires et le public par une allégation plus que controuvée, en disant que je faisais obstacle à cette répartition ?

La lutte que je subis a été bien longue ! Je défie les Liquidateurs, non pas de prétendre, mais de prouver qu'il me soit arrivé une seule fois d'alléguer un fait que je n'aie complétement justifié.

§ XXI

En terminant, je dois faire connaître dans quelles circonstances s'est produite l'attaque à laquelle je réponds ; les dates sont ici utiles à retenir.

Le 20 août dernier, les Commissaires des actionnaires ont signifié à MM. Bordeaux et Richardière une assignation à comparaître devant le Tribunal de commerce, pour faire prononcer la cessation de leurs pouvoirs comme Liquidateurs.

Les Liquidateurs qui ne se font aucune illusion sur leur situation, qui savent parfaitement qu'il n'y a aucune raison légale ou autre de les maintenir, ont essayé de conjurer l'orage. Ayant pensé que le débat allait s'engager immédiatement, ils se sont empressés de publier le 22 *août*, la lettre que vous avez insérée. Ils espéraient exercer une certaine influence sur l'esprit des juges par l'exposé si complétement erroné qu'ils ont fait.

Ils me savaient absent ; ne prévoyant aucune opposition à la publicité qu'ils allaient faire, ils supposaient que tous les journaux reproduiraient leur lettre, et c'était à l'abri du mouvement d'opinion qu'ils auraient ainsi préparé en leur faveur et contre moi, qu'ils voulaient que le Tribunal de commerce statuât. Mais mon retour a déjoué cette tactique.

C'est la première fois que les Liquidateurs cherchent, en dehors de l'enceinte des Tribunaux, un appui pour leurs prétentions, et vous voudrez bien remarquer que ce tardif, et de leur part, ce périlleux hommage rendu à l'opinion publique, coïncide avec les changements survenus récemment da ns le personnel du Tribunal de commerce !

Dans peu de jours, le débat qui s'agite entre la Société et les Liquidateurs aura une solution, et les actionnaires sauront enfin si leur ruine est complète et s'ils sont condamnés à subir l'intervention des mandataires qui leur ont été imposés et qu'ils répudient.

Veuillez pardonner, Monsieur le rédacteur, d'avoir outrepassé les limites ordinaires d'une lettre; mais la situation qui m'est faite est si étrange, qu'elle ne me permet pas de laisser sans réponse des accusations qui ont la prétention apparente de s'appuyer sur des arrêts de la Justice.

Veuillez agréer, Monsieur le rédacteur en chef, l'expression de mes sentiments les plus distingués.

J. MIRÈS.

Paris. — Imprimerie VALLÉE, rue Breda, 15.

www.ingramcontent.com/pod-product-compliance
Ingram Content Group UK Ltd.
Pitfield, Milton Keynes, MK11 3LW, UK
UKHW022001260726
13994UKWH00004B/1893